AF509281

NOTICE

SUR

LA MISSION DE SAINT-JOSEPH

DES ALLEMANDS

NOTICE

SUR LA

MISSION DE SAINT-JOSEPH

DES ALLEMANDS

FONDÉE A PARIS, EN 1851

PAR

LE R. P. CHABLE

DE LA COMPAGNIE DE JÉSUS

PARIS

IMPRIMERIE DE V^{or} GOUPY ET Cie

RUE GARANCIÈRE, 5

1865

NOTICE

SUR LA

MISSION DE SAINT-JOSEPH

DES ALLEMANDS

Raconter l'histoire de la mission de Saint-Joseph des Allemands, n'est-ce pas ajouter une belle page à l'histoire de la Providence, dont les soins sont d'autant plus attentifs, qu'ils s'adressent à des populations plus délaissées.

Depuis plus de vingt ans, une nombreuse population allemande, venue dans la capitale de la France, d'en deçà et d'au delà du Rhin, était exposée sans secours à tous les dangers que présente le séjour de l'immense cité. Jetée au milieu d'un monde dont elle ignorait la langue, mais dont les exemples de dissolution n'étaient que trop bien compris; elle vit bientôt sa foi s'affaiblir, recevoir même de graves atteintes; et des malheureux, riches en quittant leurs foyers par l'innocence du cœur, tombaient en grand nombre, après quelque temps de séjour à Paris, dans les plus tristes désordres.

Un mal de cette nature ne pouvait échapper à la vigilance de l'autorité diocésaine. Elle organisa dans plusieurs églises une sorte d'office paroissial en faveur de cette intéressante population, se proposant par ce moyen de faire parvenir jusqu'à elle les bienfaits de l'instruction religieuse. Plusieurs prêtres allemands furent assez dévoués pour se consacrer à cette mission laborieuse. Mais cette œuvre était placée dans des conditions fort précaires; elle ne pouvait donc produire que fort peu des résultats cherchés. Parmi les causes qui l'empêchaient de prospérer, il faut ranger en première ligne le changement trop fréquent du personnel des missionnaires et du lieu des réunions. La bonne volonté et le courage des ouailles se lassèrent ; il fallait à leur foi quelque chose de plus régulier et des points de réunion plus fixes. C'est ce qui détermina l'archevêque de Paris, Mgr Sibour, à confier l'œuvre au R. P. Chable, de la compagnie de Jésus. Le P. Chable, après avoir signalé son zèle au service des Allemands de Metz, continuait alors dans une chapelle de la rue des Postes, à consacrer ses forces et sa vie au ministère des Allemands de Paris. Ne pouvant pas songer pour le moment à porter remède à toutes les misères dont souffrait une population qui, à cette époque, s'élevait déjà à plus de cent mille âmes, il alla au plus pressé et donna la préférence aux plus pauvres des pauvres Allemands. Son choix dès lors se fixa sur le quartier de la Villette. Une maison fut louée hors de l'ancienne barrière de Pantin, et le grenier blanchi fut transformé en chapelle, le 8 décembre 1850.

Près de la chapelle, il établit une école de filles sous la direction dévouée des sœurs de

Saint-Charles de Nancy. En même temps, il confiait une petite école de garçons à un bon instituteur allemand.

C'est à cette même époque qu'il faut faire remonter l'institution du comité des écoles allemandes. Due à l'initiative du P. Chable, cette institution, sous l'impulsion zélée de Madame la comtesse Tascher de La Pagerie, présidente de l'Œuvre, ne cessera pas de rendre à la mission les plus signalés services.

L'œuvre ainsi fondée, Dieu la bénit abondamment. Le troupeau des fidèles devint de jour en jour plus nombreux, et des brebis, dispersées dans tous les quartiers de Paris, vinrent en foule chercher un pasteur dans la pauvre chapelle. Le local fut bientôt trop étroit, et une année ne s'était pas écoulée qu'il fallait songer à l'agrandir, ou à construire ailleurs une plus vaste chapelle. On s'arrêta à ce dernier parti; le P. Chable loua un terrain à l'intérieur de la barrière, avec faculté de l'acquérir dans un temps déterminé. Le plan d'une chapelle y fut tracé, et l'on en commença la construction dans les conditions modestes où se trouvait l'œuvre elle-même. Le sanctuaire élevé il y a treize ans est encore debout. Assez spacieux, il est vrai, il ne présente aux regards attristés du visiteur, que l'aspect d'un hangar dont les murs peu élevés et de 0 m. 10 d'épaisseur, soutiennent un toit de planches recouvert de zinc.

Mgr Sibour voulut lui-même faire la bénédiction de la chapelle des Allemands, sous le vocable de saint Joseph. Vivement touché de la joie et de l'empressement que montra en cette circonstance la population des environs, le prélat disait en s'adressant aux missionnaires, qu'il ne formait qu'un souhait, celui de voir ce sanctuaire devenir trop étroit pour contenir la multitude de ceux qui le visiteraient. Le souhait bienveillant de Mgr l'archevêque fut bientôt accompli; et quoique agrandie deux fois, la chapelle en planches a toujours été depuis insuffisante.

L'église provisoire construite, le P. Chable entreprit la construction d'une résidence appropriée aux besoins de la mission. Au printemps de l'année 1856, le bâtiment était sous toit : dans sa simplicité sévère, il paraissait magnifique en comparaison des tristes réduits qui jusque-là avaient servi d'habitation aux missionnaires.

Vint le tour des écoles. Elles ne pouvaient rester plus longtemps à la cité Charraud, où elles avaient été établies. D'un côté, l'école des garçons était placée dans des conditions où tout succès était impossible, et de l'autre, l'école des filles avait pris un tel développement, qu'un changement de local devenait urgent. D'ailleurs la santé des sœurs comme celle des enfants était compromise dans la maison qu'elles habitaient.

Mais si les besoins de la mission grandissaient, les secours pour y subvenir n'augmentaient pas dans la même proportion. Pour payer la chapelle provisoire, le P. Chable avait fait un voyage en Allemagne où il avait recueilli 35,000 francs. En même temps, le baron de Hubner, alors ambassadeur en France de sa Majesté apostolique l'empereur d'Autriche, sollicitait de son gouvernement et obtenait un secours annuel de 5,000 francs pour l'entretien de quatre missionnaires. Grâce au bienveillant concours de M. le prince de Metternich, ambassadeur d'Autriche à Paris, c'est aujourd'hui encore l'unique ressource un peu fixe, sur laquelle huit missionnaires et six auxiliaires peuvent compter. Restait à trouver les sommes nécessaires à la construction des écoles; et tout d'abord pour l'établissement des écoles de filles. La mission allemande passa à cette époque par une de ces crises que la Providence ménage aux œuvres qu'Elle veut faire prospérer. Tout le personnel de la mission dût apprendre par expérience que pour élever un édifice durable à la gloire de Dieu, il fallait non-seulement de la foi et du courage, mais encore des larmes et des sacrifices.

Dire les épreuves auxquelles les dignes Filles de Saint-Charles furent soumises pendant plusieurs années, est impossible. Seules

les anxiétés du P. Chable pouvaient leur être comparées. Le bon Père, en effet, se trouva tout à coup dans l'impossibilité de leur venir en aide. En cette extrémité, quel parti les sœurs devaient-elles prendre? Fermer l'école des filles, et priver du même coup la mission d'auxiliaires si utiles; il ne fallait pas y songer. Rester dans le *statu quo ;* les raisons les plus fortes de prudence et de salubrité s'y opposaient formellement. Pour sortir de cette situation critique, elles prirent le parti de s'adresser à plusieurs évêques d'Allemagne. Une quête fut faite dans le diocèse de Cologne; d'autres évêques envoyèrent leurs offrandes; plusieurs dames généreuses y joignirent la leur. Mais tous les dons ensemble ne s'élevaient qu'à 50,000 francs, et le prix du terrain, sans les constructions, montait seul à 100,000 francs. Nouveau temps d'arrêt! nouvelles perplexités! Il appartenait à son Eminence le cardinal Morlot, de si regrettée mémoire, de les dissiper. Mgr l'archevêque, dont l'intérêt paternel excitera toujours la reconnaissance de nos pauvres Allemands, voulut lui-même, en apportant sa généreuse aumône, rendre à tous le courage et la confiance. Dès lors soutenues par une protection si haute, les supérieures de la congrégation de Saint-Charles se décidèrent à acheter un terrain, où bientôt s'éleva une maison dont l'ensemble et les dispositions font honneur à celui qui en conçut et en exécuta le plan. En cette même occurrence, le comité des écoles, fondé par le P. Chable, votait à l'unanimité un subside annuel en faveur des écoles de filles.

L'établissement des sœurs de Saint-Charles, rue La Fayette 190, renferme aujourd'hui quatre classes allemandes gratuites où sont reçues 360 enfants, et de plus, un ouvroir où les jeunes filles peuvent venir travailler après leur première communion ; 200 jeunes personnes s'y réunissent chaque dimanche et forment un des plus beaux patronages de Paris. Deux sœurs visitent journellement les pauvres malades qui ne parlent que l'allemand, et ils sont nombreux ; l'expérience montrant que les Allemands venus en France à l'âge de vingt-cinq ans n'en apprennent que bien imparfaitement la langue. Enfin les jeunes personnes sans place ou sans travail, et munies de bons certificats, trouvent un asile provisoire chez les sœurs qui s'efforcent de leur procurer du travail, ou de les placer dans de bonnes maisons. Outre ces différentes œuvres, la maison de Saint-Charles reçoit des élèves pensionnaires dont le nombre peut s'élever jusqu'à vingt-quatre : trois salles sont ouvertes dans le même établissement à des externes payantes. (Extrait de la Notice sur l'œuvre des sœurs de Saint-Charles de Nancy.)

A partir de cette crise, où fut menacé l'avenir des écoles de filles, et que la Providence sût si merveilleusement conduire à bien, les sœurs de Saint-Charles pourvurent elles-mêmes à leurs propres besoins. Et les Pères de la Compagnie de Jésus, pouvant à peine se suffire à eux-mêmes, durent se contenter par leur ministère de concourir au succès spirituel de leurs œuvres.

On venait à peine de sortir de ces grandes perplexités, qu'une épreuve plus solennelle frappa la mission allemande tout entière dans la personne de son fondateur, le R. P. Chable. Satisfait du travail de son infatigable ouvrier, le Père de famille l'appela à lui pour le récompenser. Chose remarquable ! la divine Providence voulut qu'une vie de dévoûment fut terminée par une mort trouvée dans l'acte même du dévoûment. C'était la veille de la première communion des enfants. Appelé près d'un malade en danger, au milieu des confessions, le zélé P. Chable fit plus d'une lieue pour lui porter les dernières consolations de la religion. De retour de sa longue course, il se mit de nouveau, sans prendre de repos, au confessionnal. Là, pendant quatre heures consécutives, il entendit les aveux des enfants qu'il avait abandonnés à regret. Force cependant lui fut, malgré sa résistance contre une fièvre violente, de quitter son poste, où hélas! on ne le vit plus reparaître. Pendant sa maladie qui dura six semaines, il édifia

tous ses frères par le spectacle de sa patience,
et une entière résignation à la volonté divine.
Au milieu de ses souffrances, il aimait à par-
ler de ses chers Allemands auxquels il avait
voué ses forces et sa vie. Dans son délire, il
ne s'entretenait pour ainsi dire que de sa
chère mission. C'est ainsi qu'à ses derniers
instants, comme durant toute sa vie, les émi-
grés de l'Allemagne, de la Lorraine et de
l'Alsace allemandes étaient l'objet de ses pen-
sées et de ses affections.

Quand on lui annonça que sa dernière
heure allait sonner, il s'y soumit en chrétien
et en religieux ; il reçut les derniers sacre-
ments avec de grands sentiments de foi et de
confiance en Dieu. Sa dernière prière fut un
Ave, Maria ; à peine eut-il prononcé pour la
dernière fois ces paroles : « Maintenant et à
l'heure de notre mort » qu'il remit sa belle
âme entre les mains de son Créateur, le 11
avril 1859. Il eut sans doute le bonheur d'en-
tendre ces consolantes paroles : « Ayez courage, bon et fidèle serviteur, parce que vous

avez été fidèle dans les petites choses , je vous établirai sur les grandes ; entrez dans la joie de votre maître.

Pendant deux jours, son corps resta exposé publiquement dans le parloir. C'était un spectacle attendrissant de voir les pauvres Allemands pleurer celui qu'ils appelaient à juste titre leur père. La plupart d'entre eux se firent un devoir de l'accompagner jusqu'à la tombe, à Montmartre, et d'y mêler leurs larmes à d'ardentes prières. Ce grand ami , ce bienfaiteur, ce père des pauvres fut inhumé au milieu des pauvres ; seule l'inscription de sa croix pouvait le distinguer de ceux qui reposaient près de lui. Dans la crainte cependant que les traces de cette précieuse tombe ne vinssent à disparaître dans la suite, une âme pieuse voulût donner au R. Père un dernier témoignage de reconnaissance , en lui faisant construire dans le même cimetière un caveau à perpétuité. Souvent les bons Allemands vont comme en pèlerinage sur cette tombe élevée par la piété ; pour soulager leur douleur , et puiser,

au souvenir de leur Père, le courage de four-
nir chrétiennement leur laborieuse carrière.

Le R. P. Modeste fut désigné par ses supérieurs, pour recueillir l'héritage et achever
l'œuvre du R. P. Chable. A peine entré en
fonctions, il dût penser à l'établissement dé-
finitif de l'école de garçons. La nécessité la
plus impérieuse le demandait. En effet, trois
cent soixante enfants encombraient trois salles
basses et étroites; un plus grand nombre frap-
pait à la porte sans pouvoir être admis; enfin
l'état de délabrement des vieilles constructions qu'on décorait du nom d'écoles, com-
mandait une situation et des dispositions nouvelles. La libéralité des dames du comité des
écoles, des dons importants offerts par des
bienfaiteurs discrets, et dont le secret géné-
reux est gardé par Dieu jusqu'au jour des ré-
compenses, permirent à la mission d'élever
un édifice solide et spacieux à proximité
de l'église, rue La Fayette, 228. Au rez-de-
chaussée, près d'un préau, est une vaste
salle destinée à recevoir chaque dimanche

une réunion de jeunes ouvriers allemands, qui échappent ainsi aux dangers des mauvaises sociétés. Les étages supérieurs sont occupés par six grandes classes, et un logement complet pour une communauté de dix Frères des écoles chrétiennes. En ce moment, les six classes renferment plus de cinq cents enfants, et le nombre des Frères a été porté à huit. La mission allemande procure ainsi gratuitement le bienfait d'une éducation chrétienne à plusieurs centaines de jeunes Allemands qui sans elle se perdraient par le vagabondage dans les rues.

Pour l'entière exécution des plans du fondateur, il manque encore une église. Car le triste et pauvre hangar, dont nous avons donné plus haut la description, étuve en été, glacière en hiver, est toujours debout. Etabli pour quatre ou cinq ans au plus, il a vu treize années s'écouler, sans pouvoir être remplacé par une construction solide et décente. Aussi le temps y a-t-il exercé ses ravages : la pluie et le vent pénètrent aisément de toutes

parts, à travers les fentes baillantes d'une toi-
ture délabrée. Plus d'une fois, depuis deux
ans, on a dû interrompre l'ordre du divin
sacrifice. — Il serait difficile, avons-nous en-
tendu dire à des missionnaires venus de ré-
gions lointaines, de trouver sur nos plages une
église plus pauvre et d'un aspect plus triste.
— Si l'immense condescendance de Notre-
Seigneur dans la sainte Eucharistie n'était
pas aussi bien connue, les fidèles seraient vrai-
ment en droit de penser qu'un pareil sanctuaire n'est pas fait pour honorer sa Majesté,
mais bien plutôt pour provoquer sa colère.
Dès lors peut-on imaginer une situation plus
navrante pour le cœur des missionnaires?
Volontiers ils essuient les fatigues les plus
rudes; ils ne se plaindront pas des privations
qu'ils endurent; sans calculer ils feraient le
sacrifice de leur vie. Mais voir, et cela au
centre de la civilisation moderne, le Dieu de
toute Majesté, placé dans une masure ouverte
à tous les vents, ils ne le peuvent sans en avoir
l'âme déchirée.

Et voilà pourquoi ils forment aujourd'hui
le projet de couronner l'œuvre, en rempla-
çant la chapelle de planches par une chapelle-
église plus solide, plus digne aussi du culte
catholique et plus en harmonie avec les besoins des Allemands qu'ils évangélisent. Sans
doute la réalisation d'un projet si noble et si
élevé ne se présente pas sans de graves diffi-
cultés, surtout après les sacrifices énormes
que la mission s'est déjà imposés. Mais en faisant cette entreprise, les missionnaires rem-
plissent un grand devoir; or quand on rem-
plit un devoir, on peut, on doit compter sur
Celui qui est le maître des cœurs. Oui, et c'est
avec une confiance illimitée que nous l'avan-
çons; Dieu saura bien incliner les âmes généreuses vers une œuvre belle entre toutes les
œuvres de Paris, si bien doté, du reste, à cet
égard, puisque l'œuvre allemande est l'œuvre
des pauvres, et des pauvres les plus oubliés
peut-être dans la grande ville, à cause de leur
origine étrangère.

Nous ajouterons, en terminant cette notice rapide, un aperçu des travaux annuels et résultats obtenus chaque année par l'œuvre de Saint-Joseph des Allemands.

Près de quarante mille confessions sont entendues.

La sainte communion est distribuée à cinquante mille fidèles environ.

Trois cents malades, en moyenne, sont assistés en leurs derniers moments. Un bien plus grand nombre sont visités à domicile, dans les hôpitaux et les prisons.

Plusieurs abjurations sont reçues.

Environ deux cents enfants sont préparés à la première communion, ou, au sacrement de confirmation.

A différentes époques de l'année, la station de carême, le mois de Marie, des retraites, des neuvaines, sont suivis avec assiduité ; tous les dimanches, trois instructions religieusement écoutées.

Chaque mois, se réunissent en notre église, à des époques déterminées, diverses congrégations. Il y a d'abord la congrégation des hommes à laquelle est attachée une société de secours mutuels. Les femmes mariées ont la leur. Les jeunes gens composent la troisième réunion. Dans la quatrième se pressent en grand nombre les jeunes filles allemandes.

Onze mois de l'année, huit à neuf cents enfants allemands des deux sexes reçoivent gratuitement dans deux écoles, l'enseignement primaire.

Toute l'année enfin, fonctionnent deux patronages où les jeunes gens chez les Frères, les jeunes filles chez les Sœurs, trouvent une récréation et des délassements honnêtes dans la soirée du dimanche et des fêtes.

Nous nous plaisons, en terminant, à rendre hommage au zèle tout à la fois éclairé et ardent des membres de notre conférence de Saint-Vincent de Paul, choisis parmi d'honnêtes patrons allemands. N'oublions pas non plus de mentionner avec reconnaissance une réunion de charitables dames, qui, sous le titre de Société de Sainte-Elisabeth, se chargent de procurer des vêtements aux enfants les plus pauvres, et de venir au secours des mères de famille les plus délaissées.